JN417866

사랑이 머문 자리

비추라 / 김득수 시집

홍 익 출 판 사

시인의 말

사랑보다 아름다운 게 있을까,
세상을 다 얻은 듯
그토록 좋은데 무슨 말이 필요하랴,
꿈결처럼 마냥 행복한데,

그러나 사랑은 할수록
채울 수 없는 심연의 우물처럼
깊어지는 게 사랑이었기에
자신이 겪어야 하는 아픔은 있습니다.

누군가를 사랑한다는 것은
결국 자신을 지워가며
가슴을 적셔 내리는
자신과의 외로운 싸움이기도 합니다.

봄 햇살처럼 따뜻한 사랑
그 열매를 맺기까지
시집 "사랑이 머문 자리"에서
아름다운 사랑을 다시 만나볼 것입니다.

2009. 9. 10.

비추라 / 김득수

차례

1. 사랑이 머문 자리

2. 영원한 사랑의 꽃

2. 영원한 사랑의 꽃

3. 해 맑은 당신 사랑

3. 해 맑은 당신 사랑

4. 매력이 넘치는 여인

4. 매력이 넘치는 여인

5. 여행 essay

5. 여행 essay

1.

사랑이 머문 자리

아름다운 사랑의 인연

피 한 방울
섞이지 않았던
꽃다운 소녀가
고왔던
사랑의 인연으로
한 세상
함께 살아가는 동안
삶이 아름답거나
화려하진 않았어도
오누이처럼
서로 아껴주며
사랑하면서
잔정이 얼마나 쌓였던지
이젠 그 소녀가
복스러운
현모양처가 되고
세상에 둘도 없는
어머니 품처럼
포근하게 느껴집니다.

첫사랑 이보다 좋을 순 없다.

청순한 첫사랑
아름다운 핑크빛 촉감
눈을 감아도 아른거리고
생각할수록
가슴 울렁거리는데
무슨 말이 더 필요하랴.

뜨거워진 마음은
바라만 봐도
미소가 지어지고
보이는 건
오직 그대뿐인데
무얼 더 주저할 수 있을까.

사랑스러운
마음을 보낼수록
사랑은 솜사탕처럼 달콤하고
시간이 흐를수록
촉촉이 젖혀오는 첫사랑
이보다 좋을 순 없다.

그대는 사랑의 천사

백옥처럼 순백한
그대는 비록 천사의 옷을
입진 않았을지라도
사랑을 행한 그 마음은
하얀 천사처럼 아름답습니다.

사랑이 가득한
그대의 마음을 열고 들어서면
참된 세상이 보이고
그 마음엔 나 자신을
비춰볼 수 있어 행복합니다.

그대의 고운 마음을 따라
덧없이 살다 보면 부족한 자신은
새로운 사람으로 거듭나고
함께할수록 그대의
존재가 더욱 사랑스럽습니다.

꽃잎에 물든 사랑

반짝이는
눈빛은 다가오고
한없이 끌려가는 마음
봄날 꽃잎에 물든 사랑이어라.

잔잔한 가슴에
소리 없이 찾아온 사랑
새롭게 눈을 뜨고
믿음의 마음을 열어
기쁨으로 그를 맞이하리라.

핑크빛으로
물결치는 사랑
눈을 감아도 아른거리고
가슴 따뜻한 사랑
무지갯빛처럼 아름다워라.

운명처럼 찾아온 사랑
붉은 장미를 꺾어
사랑스러운
그의 머리에 꽂고
아름다운 사랑을 고백하리라.

그대를 영원히 사랑할래요.

사랑의 눈을 뜨게 해준
사랑스러운 그대를 만나 기뻐요.
내가 바라던 모든 것 얻은 기분입니다.

그대의 만남으로
욕심 많은 삶은 모두 버릴 것입니다.

오직 그대 하나만으로
나의 인생이 행복할 수 있으니까요.

그대만 함께해 주신다면
우리의 행복한 사랑
지금보다
내일은 더 아름다워질 수 있어요.

내 마음 그대를 위해
영원한 맞춤 점을 찍어 놓았습니다.

그대는 그 자리에서만
날 바라볼 순 없으신가요.
그대의 따뜻한 가슴이 되어 드릴게요.

사랑의 수호천사

내가 사랑하는 그녀는
세상에서 가장 사나운 불도그
그 누구도 말릴 자 없고
난 그녀에게 평생 저당 잡힌 사나이.

소처럼 날 부리며 쟁기질에
고삐를 늦추질 않아 한눈팔 수 없고
아무리 멀리 도망친다 해도
그녀의 손바닥에 놓인 나.

사랑한단 말을 하지 않는 여자
슬픈 일에 눈물 한번 흘려, 본적 없고
무뚝뚝하기로 소문난
여자다운 면이 하나도 없는 여자.

그러나 속마음은 매우 깊어서
사랑한단 말은 없어도
사랑의 울타리는 잘 지키고
날 어린아이처럼 잘 돌봐 주는 여자.

그리고 그녀는 보석보다도
나를 더 사랑해
그래서 나 없으면 잠 못 이루고
세상 끝까지 쫓아오는 사랑의 수호천사.

삶이 닮도록 그리워할 첫사랑

고왔던 인연
꿈결처럼 아름답고
연분홍 문신에
가슴속 곱게 물든 사랑.

눈을 뜨고 감아도
핑크빛으로 피어오르고
가슴 설렌 사랑
친구들에게
자랑하고 싶던 사랑.

사랑의 인연
꽃길 따라 삶이 닮도록
그리워하며
언제나 그 자리에서
말 없는 나침판처럼
서로 바라보며
가슴속 곱게 숨 쉬는 사랑.

영원한 사랑이시여.

꽃 중의 꽃
나의 사랑이시여
힘든 삶에 짓밟히는
아픔에도
속마음 드려 내질 않고
묵묵히 바라보는
그대 마음이 아름답습니다.

소슬한 바람에도
이리저리 휘어가는
갈대와는 달리
굳은 마음 흔들이지 않고
하나만 고집했던
그대의 마음이
고맙고 사랑스러울 뿐입니다.

아름다운 마음속에
진정한 사랑을 배우고
깨닫지 못한 자신
비춰 볼 수 있었던
그대는 하늘이 내려 준

나의 가장
고귀한 사랑의 선물입니다.

다정한 친구처럼 연인처럼

반짝인 그대 눈빛에
내 가슴 설레고
수줍던 얼굴은 예쁜 미소를 짓습니다.

언제나 다정한 친구처럼
연인처럼 함께하는
그대가 있어 세상은 꿈처럼 달콤합니다.

그대의 따뜻한 마음은
나에게 한없는 기쁨을 주고
눈을 뜨고 감아도
아른대는 그대가 무작정 좋습니다.

그대가 사랑스러운 것은
날 자신처럼 지키고
영원토록
내 곁에 있어 주기 때문입니다.

날 사랑하시고
그토록 마음을 가져 주셨는지
사랑하는 그대는
세상에 둘도 없는 나의 사랑입니다.

느낌만으로 행복한 사랑

미소 짓는 당신의
모습은 느낌이 참 좋아요.
언제나 풀리지 않는
사랑의 꿈으로 가득하니까요.

사랑한다는 말보다는
바라본 눈빛만으로
사랑은 뜨겁게 오가고
내 안엔 당신이 숨을 쉬어요.

당신의 은은한 숨결이
달콤한 향으로 불어올 때면
부푼 가슴을 따라
예쁜 미소가 피어오른답니다.

오직 당신 한 사람으로
사랑의 소중함을 깨닫고
그 사랑의 기쁨은
삶 속에 아름답게 묻혀갑니다.

나의 사랑을 받아 주세요.

그대의 해맑은 미소가
나에게 다가올수록
사랑은 눈 덩어리처럼 커지고
그 기쁨은
심연의 깊은 가슴을 따라
강물처럼 넘쳐흐릅니다.

가까이 가면 멀어질까
다가설 수 없어
가슴에 꼭꼭 숨겨놓고
그리우면
살짝 꺼내보며
사랑의 꿈을 꾸고 있습니다.

시간이 흐를수록
사랑은 핑크빛으로 물들고
손대면 터질 듯한
나의 가슴은
그대의 따뜻한
사랑의 손길이 그립습니다.

오월의 행복한 사랑

설렌 마음
오월의 꽃향기를 따라
곱게 피워 오르고
촉촉한 사랑에 빠져봅니다.

속삭이는 사랑
예쁜 꽃잎처럼 휘날리고
핑크빛 꿈을 따라
사랑은 곱게 물들어갑니다.

사랑에 빠질수록
우리 영혼은 아름답고
진실한 사랑 안에
아름답게 숨 쉴 수 있어
마음은 언제나 행복합니다.

오월의 꿈과 사랑이
영원히 함께할 수 있도록
마음을 허락한
사랑스러운 그대에게
내 마음을 모두 드립니다.

장미꽃에 물든 유월의 사랑

장미꽃 향이
은은하게 물들어 가는
유월의 행복한 밤은
그대와 나 사이에
마음과 마음이
아름다운 눈빛에 고요히 흐르고,

다정히 속삭이는
그대의 입가에 짙은 향은
그토록 맘이 설레게 하는지
잔잔한 가슴에
사랑의 열기로 피어오릅니다.

사랑스러운
그대에게 빠져갈수록
사랑의 향기에 취해가고
별빛과 달빛이 흐르는
달콤한 꿈을 따라
유월의 행복한 밤은
그렇게 지나가고 있습니다.

사랑은 하면서도 아프다.

죽을 만큼 서로 사랑하는데
사랑하기엔
가시처럼 아픈 사랑,
사랑할수록
한없이 자신은 짓밟히고,

질기고 질긴 인연
생명의 탯줄처럼 자를 수도 없고
아픈 사랑을 지울수록
눈 덩어리처럼 커지는 사랑,

고왔던 사랑만큼이나
사랑의 노예가 되고
사랑할수록
뼛속까지 아파지는 사랑.

가을 사랑

그리움이 물들어
하얀 밤을 태웠던
사랑이시여 어찌하여
고왔던 인연을
내려놓고
이 가을 슬픔을 안기시나요.

가을은 단풍으로
곱게 물드는데
사랑은 갈수록 멀어지는지
멍으로 가득한 사랑
바라볼수록 눈물겹고
찬 서리가 내리듯
무척이나 가슴 시렸습니다.

사랑이시여 가시려 거든
하얀 눈이 내리는 날
아픔을 묻고 떠나가시구려.
홀로선 사랑
앙상한 나뭇가지처럼
혼자이긴
이 가을 너무 외롭습니다.

돌담길을 따라 사랑을

서울 밤하늘에 쏟아지는
별빛을 가득히 받으며
그와 함께
돌담길 사이를 다정히 걷습니다.

오색찬란한 단풍잎이
머리 위에 하나둘씩 떨어지고
가로등 불빛 아랜
그대의 반짝이는 눈빛과
긴 머리는 매력이 넘쳐흐릅니다.

마음과 마음을 이어 주는
따뜻한 손길은 가슴을 휘감고
애정 어린 속삭임은
부푼 가슴을 뜨겁게 태워갑니다.

꼭 하고 싶던 고백이
그대 가슴에서 곱게 물들어
그가 고백하고 있는지
사랑 따라 낙엽을 밟는
이 가을밤이 행복할 뿐입니다.

"사랑하는 그대가 맞나요."

소곤대는 예쁜 입술에
잔잔한 가슴은 꽃비가 내리고
달콤한 사랑에 물들어
그대가 무작정 사랑스럽습니다.

그대와 함께하는 밤은 짧기만 하여라.

그대가 그리울수록
밤은 길고 험해도
사랑하는 그대가 오는 길목은
빛나는 달빛에
무지개 꿈으로 영혼마저 아름다워라.

사랑의 등불이
밤을 따라 곱게 빛날수록
외로움은 사라지고
행복한 사랑만큼이나
그대와 함께하는 밤은 짧기만 하여라.

사랑이 머문 자리엔
밤이 깊어 갈수록
달콤한 사랑의 입맞춤에
기쁨이 가득하고
사랑의 뜰 안엔 별빛은 곱게 내린다.

사랑스러운 그대

바라만 봐도 가슴 설레고
보고 또 봐도 사랑스럽기만 한 그대
다가갈수록 풋풋한 입맞춤이
따뜻한 숨결을 기다리고
시간이 흐를수록 짙게 젖혀 가는 사랑
달콤한 핑크빛 꿈으로 피워 오릅니다.

바라볼수록 마음은 빠져 가고
눈을 감아도 아른거리는 사랑스러운 그대
아침 첫 시간부터 깊은 꿈속까지
그리움으로 촉촉이 젖혀 가는 사랑
세상은 꿈결처럼 아름답고
내 마음은 행복으로 물들어갑니다.

사랑하는 그가 보고 싶어서

사랑하는 그가 보고 싶어서
그를 만났건만
눈을 뜨고 나면 허무한 꿈속이었습니다.

눈을 뜨고 감아도 아른대는 그대,
날이 갈수록 보고픈 그대,
더는 참지 못하고 그를 불러봅니다.

"보고 싶어 못 참겠다. 좀 나와 줄 수 있겠니?"

공원에 그의 모습은 보이고
잔잔한 미소가 나를 반겨주며
그와 눈빛이 마주친 순간
가슴 시리던 그리움은 녹아내립니다.

보고 싶어 할 말도 많았는데
만날 때마다 수줍어지는지 말도 못하고
그러나 미소 짓는 눈빛엔
사랑의 인사는 뜨겁게 오가고 있습니다.

"자기 정말 보고 싶었어."

얼마나 그가 보고 싶었던지
그댈 꼭 껴안고 입맞춤을 하고 싶었는데
그러나 공원에 많은 사람의
시선으로 겨우 한 손만 잡고 있습니다.

- 연애 시절에 -

그대가 무작정 좋습니다.

햇살로 가득 찬 이 아침
꿈결같이 불어오는 사랑은
영혼을 약속한 우리 축복 그 모든 것입니다.

빛 고운 그대 향기에
나의 마음을 내려놓을수록
영혼이 아름답기에 그대를 사랑합니다.

해맑은 미소에
따뜻한 숨결이 다가올수록
설렌 가슴은 고동치고
사랑은 숨이 막히도록 행복합니다.

사랑스러운 그대에게
물결치듯 끌려 가는 난
사랑에 빠져 그대가 무작정 좋습니다.

핑크빛에 촉촉이 물든
활짝 핀 사랑
꿈으로 가득하고
내 안에 기쁨은 강물처럼 넘쳐흐릅니다.

사랑인가 봐

그대를
사랑하고 있는데
왜 가슴이 아파지는 것인가요.
그대 향한 사랑은
끝이 없는데 슬퍼지고 있습니다.

난 그대를 사랑하고
이토록 행복한데
울고 있는지 말 좀 해주세요.
그대를 사랑할수록
외로워져 가는지
이유를 알 수가 없습니다.

사랑하는 것이
기쁨인 것을
가슴을 태우고 적시는지
사랑한다는 것
영혼은 미쳐가고
갈수록 바보가 되는 것 같습니다.

내 안에서 숨 쉬는
그대가 내 몸의 일부인 것을
그토록 그리움에
몸부림치며
그댈 찾아 헤매는지 모르겠습니다.

사랑은 영원한 기쁨이 되어

서로 마음 하나만 믿고
비바람을 맞으며 곱게 맺어진 인연
세월이 지날수록 커지는 사랑.
바라볼수록 눈물이 나고
모든 것 다 주어도 아깝지 않을 사랑.

나 자신처럼 서로 아껴주며
언제나 가슴으로 사랑을 만들고
삶이 힘들거나 기쁠 때에도
서로 꼭 껴안아 가며
사랑의 기도로 마음을 드렸던 사랑.

핏줄보다 진하게 흐른 사랑.
살며시 그대의 품에 얼굴을 묻으면
은빛 머릿결에 젖내가 품기고
따뜻하고 거칠어진 손길에
잔잔한 가슴을 한없이 적시던 사랑.

고왔던 사랑의 인연으로
한평생을 다정하게 따라왔던 사랑.
주님의 축복 속에

남은 사랑 영원히 함께 하여
저 하늘에서도 아름답게 맞이할 사랑.

사랑에 빠졌어요.

요즘 난 예뻐졌어요.
자신도 모르게 예뻐졌답니다.

남들이 다들 그러잖아요.
내가 예뻐졌다고요.

사실 난 누굴 사랑하고 있거든요.

사랑하는 그 사람도
내가 좋은지
늘 사랑한다고 하잖아요.

미소 짓는 그의 모습이
무작정 사랑스럽고
가슴은 뜨거워지니 어쩜 좋습니까.

요즘 난 사랑에 빠져
달콤한 꿈을
꾸는 것 같아 정말 행복하답니다.

사랑의 빛으로 가득한 그대

사랑스러운 그대의
눈빛과 마주칠 때마다
가슴은 뜨겁고
사랑의 눈길을 뗄 수가 없습니다.

따뜻한 사랑의 손길이
내 인생에
찬란한 빛으로 찾아와
세상을 헤쳐 나갈 힘을 주었기 때문입니다.

그대를 알고 이렇게
기쁨이 오고 가슴 설레는지
삶에 아름다운 꿈을 꾸게 합니다.

그대 하나로
하늘 끝까지 부풀어 가는
내 마음은
세상 모든 것이 아름답고 행복합니다.

나보다 남을 먼저 생각하는
그대의 사랑은
어디서든지 빛날 것입니다.

맑은 영혼의 사랑이고 싶습니다.

그대를
너무나 좋아합니다.
그리고 진실로
그대를 사랑하고 있습니다.

그대가
무작정 좋아서
자신의 영혼마저
사랑의 사슬에 매어갑니다.

그대를 사랑할수록
집착한 마음은
멍을 진 그리움을 따라
슬픈 사랑에 빠지기도 합니다.

그러나
곱게 맺은 인연
가슴을 적시는
사랑은 만들고 싶지 않습니다.

아픔 없는
성숙한 사랑 안에서
영원히 함께할
맑은 영혼의 사랑이고 싶습니다.

사랑이 머문 자리

길 없는 너의 고집에
이젠 나의 가슴을 그만 태우련다.

다가갈수록 멀어진 너에게
무슨 말을 해야 하고
어떤 사랑의 묘약이 더 필요하다더냐.

네가 멀리 떠난다고 해서
내가 작아질 이유도 없고
이젠 너에게 끌려가는 일은 없을 것이다.

너를 사랑한 만큼 상처받고
사랑할수록 나를 빼앗겨 가는데
너 때문에 앓아누울 이유가 있겠느냐.

너의 마음이 다시 돌아온다 해도
예전처럼 너를 사랑하진 않으련다.
너를 한번 잃은 것으로 만족했으니까.

세월이 흐르면 그리워질 사랑

한때 고왔던 사랑
내려놓고
이 밤을 따라 조용히 떠납니다.

깨어진 언약으로
마음에서 멀어진 사랑
행복한 세상 모두 잃고
싸늘한 시선에
곱던 그대 모습마저 미워집니다.

빼앗긴 마음에
자신이 그토록 처량한지
헤어지잔 말보다
오래전에
그대 곁을 떠나야 했습니다.

세월이 흐르면
서로 그리워질 사랑
하얀 밤을 적셔도
처음 만남처럼
아픔 없는 이별이었으면 합니다.

사랑이 아름답다 해도

사랑의 흔적이 아무리
아름답고 화려해도
인연이 아니라면 보내야 한다.

처음 마음이 나중과 다르고
언약도 사랑할 때뿐이면
그 사람을 그리워할 가치가 있을까.

갈대처럼 휘어가는 사람을
매달려 사랑하는 건
사랑이란 단어가 어색할 뿐이다.

마음을 잃어 끌려가는 사랑은
그 영혼이 슬프거니와
사랑 때문에 귀한 몸 상할까 두렵다.

떠난 사랑은 돌고 도는 인연이니
추억으로 아름답게 갈무리하고
서글픈 사랑 놓아 버리는 게 편하다.

하나의 사랑이 되기까지

사랑보다 아름다운 게 있을까.
세상을 다 얻은 듯
그토록 좋은데 무슨 말이 필요하랴.
꿈결처럼 마냥 행복한데.

그러나 사랑은 할수록
채울 수 없는 심연의 우물처럼
깊어지는 게 사랑이었기에
자신이 겪어야 하는 아픔은 있습니다.

누군가를 사랑한다는 것은
결국 자신을 지워가며
가슴을 적셔 내리는
자신과의 외로운 싸움이기도 합니다.

봄 햇볕처럼 따뜻한 사랑
그 열매를 맺기까지
서로 아픔을 따라 성숙해지고
아름다운 사랑이 맺어지는 것입니다.

2.

영원한 사랑의 꽃

한밤의 그리운 사랑

여울진 추억 따라
그리움은 석양빛에 어리고
가슴 아린 사랑은
가시밭 사이로
홀로 핀 서리꽃처럼 외롭습니다.

달빛에 물들어 가는
그리움은 옷깃을 적시고
가슴에 쌓인 연민은
시작도 끝도 없는
사랑의 아픔에 깊은 밤을 허물어갑니다.

소중한 만남은
우주를 얻음만큼 행복했어도
사랑할수록
그 기쁨은 눈물겨워
고왔던 인연 새벽 별처럼 멀기만 합니다.

사랑은 그리움에 꿈을 꾸는 것

인생은 길고도 짧은 여정이요.
사랑은 그리움에 꿈을 꾸는 것이라
떨어지는 잎새에 외로워 말고
날아가는 철새에
발을 구르며 서럽다 하진 말아 주오.

그가 보고픔에 옷깃을 적시면
사랑하는 사람의 가슴에 맺힌 눈물은
시커먼 피멍과 같으니
그리운 임 아름답게 바라보시고
지금 삶 그대로 받아 드리도록 하세요.

그리움에 길게 느껴진 어둔 밤도
반갑게 맞는 햇살에 눈물은 마르고
때가 되면 사랑은 활짝 피워
세상은 다시 아름다우리니
그가 홀로 있음을 서러워 말아 주오.

영원한 사랑의 꽃

그대이시어
따뜻한 봄 햇살에
살짝 피고 간
꽃이라고 서러워 말아주오.

화초는
계절을 따라왔지만
가슴에 심은 꽃은
상록수처럼
우리 영혼 속에 영원하답니다.

사랑의 꽃은
촉촉한 그리움을 따라
물을 주지 않아도
사철을 푸르게
영원히 시들지 않는
사랑의 꽃으로 피어난답니다.

보고픈 그대를 기다리며

그대도 나처럼 마음을 가져 주는지
캄캄한 밤이 하얀 밤이 되도록
사랑하는 그대를 생각하며 마음을 보냅니다.

사랑은 눈 덩어리처럼 커지는데
사랑한단 말을 해도 메아리치지 않는 것은
무슨 이유라도 있었을까요.

손짓하면 그대가 곧 잡힐 것 같은데
금방이라도 달려와 멍을 진 가슴을 달래며
꼭 껴안아 줄 것 같은데
생각할수록 심연의 그리움이 넘쳐흐릅니다.

사랑의 빚을 진 그대 이시여
다신 안볼 자신이라도 있으신지
우리 사랑의 언약은 영원히
마음을 함께할 아름다운 바램이었습니다.

고왔던 인연 처음이자 마지막 사랑
기억 속에서 영원히 지울 수 없는
단 하나뿐인 사랑이었기에
오늘도 달빛 창가에서 그대를 그리워합니다.

봄은 오는가보다.

꽁꽁 얼어붙은 설원에
봄의 입맞춤은
초지에 싹을 틔우고
겨울 단잠에서 세상을 깨운다.

도심 패션 매장에도
여인의 화사한 홈드레스가
봄의 향기를 품어
움츠렸던 마음에도
연둣빛 설렘으로 다가온다.

꽃망울이 터지기 전에
따사로운 햇살은 언 가슴에
꽃비를 내려주고
봄은 벗처럼
그렇게 찾아오는가보다.

나의 사랑 하얀 백합화

사랑하는
내 임이 밤새
하얀 백합화가 되었나,
수줍은 신부처럼
뜰 안에
백합화 아름답게 피었네.

꽃 중의 꽃
하얀 백합화
촉촉한 아침 이슬에
화장한 모습이
참 예쁘기도 하여라.

들녘에 양귀비가
자태를 뽐내고
아무리 장미꽃 향이
곱다 한들
뜰 안에
하얀 백합보다
아름답고 향이 고울까.

행복한 뜰 안에
반짝인 하얀 백합화
아침 햇살에
살포시 고개 숙인 모습이
새색시처럼
곱고 사랑스러워라.

비 오는 날 사랑의 수채화

향 그윽한 원두커피와
감미로운 음악이 흐르는 가운데
비 오는 창밖을 내다보며
행복한 오후를 보내고 있다.

오랜만에 가져보는
둘만의 다정한 시간으로
사랑의 리듬을 따라
비 온 날의 수채화를 그려본다.

뜰 안에 활짝 피어난
나리꽃에 묻어난 향기는
마주하는 사랑처럼
코끝에 향은 진하게 느껴오고,

내리는 빗방울은
유리창에 얼룩져 내리고
예쁜 꽃과 사물들이
비 온 날 한 폭의
수채화를 아름답게 그려준다.

사랑의 피서지

하늘과 바다가
맞닿은 푸른 수평선
그리고 꿈과
낭만을 함께 해 준 사랑의 바닷가.

하얀 백사장에
날씬한 몸맵시를 뽐내는
임의 뽀얀 살결을
뜨거운 태양은 검게 태워주고,

저녁노을이 채색될 때
임의 고운 모습에
피서지 사랑은 무르익어가고,

해변 파라솔 밑에
나란히 누워
밤하늘 푸른 별을 바라보며
사랑을 속삭이던 꿈의 피서지.

파도가 물결치는 사랑의 바다

태양의 계절
드넓은 해안가에
시원한 해풍은 코끝에 풍겨오고
쏟아지는 태양은
한없이 눈이 부셔온다.

사랑의 꿈은
푸른 파도에 물결 치고
부푼 마음은
사랑의 항로를 따라
머나먼 바다로 떠나고 싶다.

사랑과 태양이
뜨겁게 함께하는 여름날
출렁이는 바다는
그대와 나를 부르고
한낮의 더위를 시원하게 식혀준다.

보고 싶어서 너의 모습만 떠올라

먼 수평선을 바라볼수록
삶 속에 숨어버린
너의 모습만 자꾸 떠올라
지난 추억에 보고픈 너를 찾게 된다.

시도 때도 없는
그리움은 언제나
잔잔한 가슴을 흔들어 놓고
가슴앓이에
애꿎게 너의 이름만
새기고 지울 수밖에 없는지
끝없이 울려 준다.

왔다가 가버리는 파도에
그리움을 띄우고 또 띄워도
바보처럼 떠밀려오는
그리움은 영혼 깊은 곳에 숨 쉬는
너의 사랑이었는지
가슴 아린 그리움만 따라간다.

코스모스 연가

파란 하늘을 수놓는 코스모스
소슬바람 따라 가을을 노래하고
살랑대는 속삭임은 내 마음
가을의 향취에 빠져들게 합니다.

선한 코스모스를 바라볼수록
미소 짓던 그대 얼굴이 다가오고
예쁜 꽃 속에 마음을 묻으면
사랑의 향기를 품어 향기롭습니다.

코스모스 길을 따라가다 보면
옛 사랑의 그리움이 피워 오르고
그 가을의 추억에 파묻혀
그리웠던 마음을 띄우게 됩니다.

가을 사랑 겨울 향기를 따라

때늦은 가을 사랑
활짝 피워 보지도 못한 채
슬픈 계절
떨어지는 낙엽과 함께
찬 서리를 맞으며
준비 못 한 추운 겨울을 맞습니다.

가을 하늘 아래
가슴 아프게 물들었던 사랑
바람결에 사라질까.
낙엽 속에 소중히 간직하고
임의 향기를 기다리며
사랑은 그리움에 숨을 쉬어갑니다.

못다 한 사랑
하얀 눈이 소복이 쌓이는 날
포근한 눈 속에 파묻혀
슬픈 계절을 토하며
아름다운 겨울 향기를 따라
한 송이 눈꽃으로 곱게 피어납니다.

그대가 준 사랑의 선물

사랑은 꿈으로 가득한데
가슴엔 멍만 커지고 자꾸 울고 싶을까.

멍을 없앨 순 없을는지
독한 술에 목을 축여도 그때뿐
먼 여행을 떠나고
산을 올라 소릴 쳐도 그대로 남아 있다.

아픈 마음을 달래 보아도
생각할수록 가슴에 멍은 커지고
가시넝쿨이 온몸을
감싸 오는 것처럼 숨쉬기조차 힘이 든다.

무거운 짐 모두 내려놓고
깊은 산 속에서 몇 날을 울어 버릴까.
그러면 조금 나을는지.

사랑하는 그대를 그리워하며

추억을 되새길수록 밤은 길고
못다 한 그리움은 길 없는 창가에서
지난 사랑을 그리워합니다.

보고픈 그를 가슴에 품어도
눈뜨면 허무한 꿈속일 뿐
빛바랜 사랑만 피어오를 뿐입니다.

세상에 가장 그리운 사람
깊은 영혼에 살아 숨을 쉬고
가슴에 애틋한 그리움을 안깁니다.

사랑의 사슬에 매여
하얀 그리움은 홀로 피어나고
사랑이 머문 자리엔
사랑의 흔적만큼이나 아픔을 토합니다.

첫사랑 짝사랑

고왔던 인연
저 하늘에 별빛과 달빛 사이에
영혼을 약속한 무지갯빛 사랑.

청순한 추억만큼이나
하얀 밤을 적시고
내 안에 보랏빛으로 곱게 물든 사랑.

그러나 아름다운 사랑
꿈속처럼 멀어서 가슴으로 하는 사랑.

사랑의 여운을 따라
해바라기처럼 외롭게 바라보는
가슴 시리도록 그리운 사랑.

목이 터지게 불러 보고 싶은
그 이름은 연분홍 꿈으로 가득한
처음이자 마지막 사랑.

마음은 아직도 지난 추억처럼

보랏빛
추억을 곱게 간직하며
긴 세월 돌고 돌아
중간에 다시 만난 친구야.

삶의 여정 따라
곱게 물들어 버린
나이테만큼이나
그 모습 햇살처럼 눈부시단다.

푸른 시절 다정했던
우정은 보석처럼 아름다웠는데
그러나 지금 이 순간만은
처음 본 사람처럼
서로 마주하기가
그토록 수줍어지는지 모르겠다.

아직도 우리 마음은
그때 그 시절인데
은빛 머리는 휘날리고
애써 푸름을 지키려는
우리 모습이 가슴을 적신다.

울어도 되새김질만 하는
추억 속에 되돌릴 수 없는 세월
서럽다 한들 소용이 있을까.
곱게 나이 먹으면 그만이지.

우리 언약은 지워졌어도
아름답게 가져온 마음
지난 삶 서로 질투 없이
가슴에 곱게 간직했으면 좋겠다.

사랑의 편지

행복한 봄날
꽃잎은 휘날리고
사랑의 향기는
나의 마음을
꿈결처럼 유혹합니다.

사랑의 계절
화사한 꽃 속에
파묻혀 가는 마음은
사랑스러운
임을 그리며
핑크빛 꿈을 따라갑니다.

따뜻한 봄날
활짝 핀 꽃처럼
내임이 찾아오시길
봄 향기를 따라
설렌 마음을
사랑하는
임에게 띄워봅니다.

아름다운 꽃이어라.

따뜻한 봄 햇살에
살며시 고개 든 목련화
순백으로
뜰 안을 곱게 수놓고
복스러운 자태는
하얀 신부처럼 눈부시다.

봄을 따라
우아한 모습으로
찾아온 하얀 목련
봄 향기를 풍기고
촉촉한 봄비에
곱게 핀 여심
봄날 사랑의 싹을 띄운다.

봄바람에
휘날리는 하얀 꽃잎
여인의 치맛자락처럼
살랑거리고
유혹하는 고운 모습에
설렌 마음
아지랑이처럼 피어오른다.

가을날 코스모스가 되어

예쁜 코스모스가
가을 하늘을 수놓으며
흔들거리는데
나의 마음도 코스모스처럼
갈바람에 흔들거린다.

지난여름처럼
다시 찾아올 수 없는데
계절처럼 멀어져간
사람을 기다리는
내 마음은 코스모스가 되어
가을 하늘을
그리움으로 수놓는다.

그리움에 흔들대는
그 마음을 알기나 하듯
고추잠자리가
코스모스에 살짝 앉아
그리움을 달래주고 간다.

그대가 그리워지는 밤

달빛에 물든 밤
지난 추억을 그리며
그대와 달리던
밤길을 따라 홀로 달려봅니다.

밤의 고요함 속에
차창밖엔 가로 등불이
하나둘씩 스치고
흐르는 선율은
옛 추억을 따라
그대가 더욱 그립습니다.

쏟아지는 달빛에
그대가 그리워지는 밤
마음을 달랠수록
서럽게 흐르는 눈물은
고속도로를 따라 뿌려지고
그리움은 어둔 밤을 넘어
밝은 새벽을 향해 달려갑니다.

그리움은 사랑의 울타리가 되어

사랑은 기쁨보다도
사랑한 만큼 가슴은 아프고
서로 가까워질수록
자신을 힘들게 한 것도 없습니다.

그러나 사랑이란
사랑하는 사람을 더 가까이
두고 싶고 그가 곁에 있음에도
가슴에 멍을 진 그리움을 안깁니다.

사랑은 할수록 그립고
그러나 끝없는 그리움 속에는
생명의 탯줄처럼
사랑의 숨결 흐르고
또 사랑의 울타리가 되어
소중한 사랑을 영원히 지켜줍니다.

행복한 이 밤을 그대와 둘이서

한 해가 저물어 가는 이 밤에
미소 짓는 그의 눈빛은 다가오고
처음 추어본 어색한 서양 춤에
수줍어 고개를 숙이며
그대의 품에 안기어 이끌려갑니다.

행복한 이 밤을 그대와 둘이서
그의 열정적인 춤을 따라
흐르는 선율에 동화 속 주인공처럼
방 한가운데를 이리저리
휘저으며 그대의 발길을 따라갑니다.

아름답게 물들어 가는 밤
가슴은 한없이 부풀어 오르고
그대의 향 짙은 입술은
달콤하게 자주 다가오는지
이 밤의 열기가 너무나 뜨겁습니다.

힘든 삶을 잠시 내려놓으며
행복한 이 밤이 다 가도록
사랑스러운 그대와 맛난 과실주에

즐거운 이야기꽃을 피우며
송년의 멋진 밤을 맞고 있습니다.

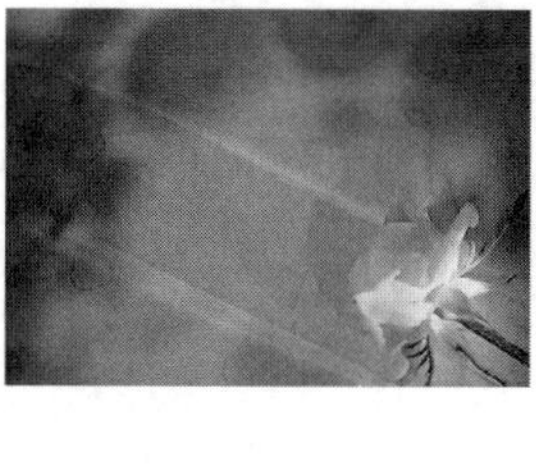

우리 사랑해 보자.

우리 모두 사랑해 보자.
마음 활짝 열고
사랑으로 서로 꼭 껴안아 보자.

미워하는 마음일랑 버리고
서로 자신처럼 사랑해 보자.
그리고 다정한 친구가 되어보자.

세상은 하나, 우리도 하나.
나눌 수 있는 사랑으로
행복한 세상을 만들어 보자.

남을 섬기고 사랑함은
결국 자신을 사랑하는 것
사랑받을 만큼 사랑해 보자.

따뜻하게 보낸 마음
부메랑처럼 돌아오는 것
넘치는 사랑으로
아름다운 세상을 모두 가져보자.

3.

해 맑은 당신 사랑

내 안에 당신의 기쁨이 있었네.

내 안엔 당신이라는
기쁨이 강물처럼 넘쳐흐릅니다.

사랑의 손길에
눈을 감아도 아른거리는
당신이 있었기에
이 사랑을 감당하기엔
내 영혼은 너무나 아름답습니다.

당신께서 베풀어 주신
아름다운 사랑은
빛나는 별빛처럼 달빛처럼
삶 속에 잔잔히 흐르고
축복과 사랑이 샘처럼 넘칩니다.

당신의 손을 잡고
동행하는 동안 꽃길처럼
아름다웠고
절망스러운 인생은
소망의 꿈들로 곱게 피어납니다.

당신의 은은한 사랑이
이 아침에도 함께하시어
햇빛보다도 찬란한
인생의 여정을
걷게 하여 기쁨으로 가득합니다.

해 맑은 당신 사랑

고요히 아침은 열리고
눈부신 햇살에 눈을 떴습니다.

산새들은 지저귀고
코끝이 상쾌한 이 아침
당신을 맞이하기엔
내 영혼은 너무나 아름답습니다.

해 맑은 당신의 사랑이
내 삶 속에 촉촉이 흐르고
그 사랑은 언제나
행복의 꽃으로 피워갑니다.

사랑이 많으신 당신이
이 아침에도 기쁨으로
함께해 주시니 눈가에 맺힌
이슬방울은 진주처럼 곱습니다.

사랑하는 그대를 위하여

푸른 하늘을 은빛 날개를 펼치고
그대와 주님의 세상으로 날아오르리라.

고달픈 삶으로 힘들었던
그대의 모든 것을 하늘에 날려 보내고
주님의 손을 잡을수록
아픈 추억은 다신 기억하지 않으리라.

주님의 세상에 함께할수록
하늘 문은 활짝 열리고
사랑하는 그대를 포근히 감싸주리라.

주님께 마음을 내려놓을수록
그대 영혼이 열리고
거듭난 사랑에 그대의 고통은 벗으리라.

세상에 가장 사랑스러운 그대를
가까운 형제, 자매처럼
주님은 그대를 사랑으로 맞아 주리라.

당신은 사랑입니다.

나의 길은 당신의 길이요.
생각 또한 그러하기에
나는 당신을 따라갑니다.

외롭고 힘겨울 때에도
손목을 잡아 주시고
날 감싸 주시던 당신은
내 영혼의 주인이셨습니다.

내 모든 것을 잃어
험난한 삶이 찾아왔어도
은총을 베풀어 주시고
당신은 나를 지키셨습니다.

내 인생의 꿈은 당신의
사랑의 손길로 이루어지고
난 당신의 사랑 안에서
너무나 행복했습니다.

난 다시 태어난다 해도
내 영혼의 빛이신
당신만을 섬기며 나의 맘을
당신께 모두 드리렵니다.

사랑의 기도를 드리며

주님의 함께 하시는 이 시간
마음을 내려놓고 사랑하는 이를 위해
사랑의 기도를 드립니다.

비록 멀리 있어 그를 볼 순 없지만
사랑으로 모든 것을 이기고
서로 외롭지 않게 하시어
아름다운 영혼을 간직하게 하소서.

고된 삶으로 그가 힘이 들거나
고통이 따를지라도 나로 하여금
그 고통을 대신 질며 지게 하시고
나의 자신처럼 사랑하게 하옵소서.

그는 영원한 나의 사랑이었기에
내 영혼 허락한 그날까지
사랑으로 그를 지키게 하옵소서.

나의 사랑은 당신 이십니다.

당신의 사랑을 받기에는
턱없이 부족한 자신이었지만
아름다운 마음을 드려서
당신의 품에 안기니
벅찬 기쁨에 눈물이 내립니다.

예전에 미처 깨닫지 못한
당신의 사랑을 알게 하시고
나 잘난 자신을 낮추게 하시어
겸손의 마음을 열어 주시니
그 사랑이 너무나 아름답습니다.

당신의 따뜻한 사랑이
내 영과 육을 늘 지켜 주시고
삶 속에 햇빛보다 더 밝은
소망을 주시니
나의 사랑은 모두 당신 이십니다.

거듭나는 사랑으로
고통에 짐을 내려놓게 하시어
날 사랑하여 주시니

이 세상이 천국과도 같고
그 행복이 하루가 짧기만 합니다.

기쁨으로 맞이하는 삶

이 세상을 살아가는 동안
주어진 삶이
아무리 힘들고 고달파도
난 고난이라 생각하지 않습니다.

나에게 주어진 고난이
축복의 선물이라
생각하고 있기 때문입니다.

삶 속에 흐르는
고난도 잘 다듬으면
보석처럼 아름답고 행복합니다.

나의 인생에 어떤 시련이
찾아온다 해도
나는 기쁨으로 맞이하렵니다.

살아 숨 쉬는 것만으로
이미 받은 축복이었고
감사하기에
내 삶은 천국처럼 행복하답니다.

나의 사랑이시여.

나의 사랑이시여
당신이 있어 우리 인생은
고난의 가시밭길을
안개처럼 풀어 헤지고 나갑니다.

부족하고
연약한 영혼을 사랑하시고
힘든 삶에 소망을 채워주시니
목마른 영혼
사막에 샘을 만난 듯
말할 수 없이 기쁘더이다.

당신 사랑 안에서
풍성한 사랑의 열매를 맺고
축복의 잔을 드니
즐거운 세상
춤을 추며 당신께 안기어 갑니다.

모든 것을 다 주어도
아깝지 않을 사랑이시여
당신께 사랑의 입맞춤을 하오니

아름답게 받아 주시고
나의 행복의 나라
하늘 문을 활짝 열어 주소서.

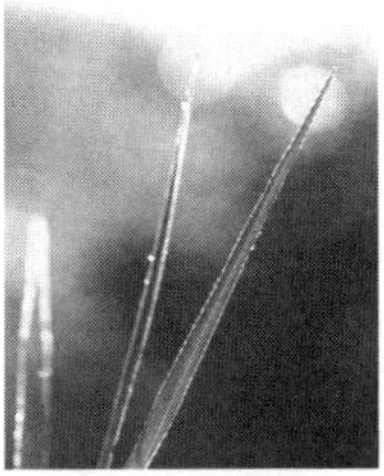

당신은 나의 운명이고 사랑입니다.

당신이 함께하시는
우리의 삶은 어제보다도
오늘을 더 축복하셔서
햇빛보다 밝은
세상을 열어 주시니
허락한 삶은 꿈결처럼 곱습니다.

메마른 영혼에
당신의 사랑이 임할수록
그토록 새로워지는지
힘든 삶에 기쁨이 되고
우리는 언제나
감사의 마음이 넘쳐흐릅니다.

우리의 무거운 짐을
당신께 모두 내려놓을수록
샘솟는 축복이 임하시니
허락하신 그날까지
어떤 고난이 와도
당신만을 섬기며 살겠습니다.

사랑의 메시지를 보내며

주님은 당신을 사랑하십니다.
남자이던 여자이든
나이와 상관없이 모두 사랑하십니다.
모두 밝은 세상으로 나오십시오.

사랑하는데 돈이 든답니까.
빈 몸으로 와도 좋습니다.
언제나 반갑게 맞이하실 것입니다.

힘든 짐 모두 내려놓고 오십시오.
아픈 영혼과 상한 육신을 치유하며
긴 여정을 동행 하실 것입니다.

무거운 죄로 물든 세상에
뜨거운 회개의 눈물은 청결하거니와
죄는 두 번 다시
따지지도 묻지도 않을 것이기에
더 많은 사랑으로 껴안아 드립니다.

당신은 물가에 내놓은 어린아이처럼
꼭 지켜 줘야 할 사람이었기에
지친 영혼 내려놓고 빨리 오시옵소서.

주님은 날 사랑하는 주인이시라.

당신은 내 영혼에 빛과 사랑이오.
풀 한 포기 나지 않는
황무지 같은 나의 마음에
사랑의 씨를 뿌리시는 영원한 주인이시라.

당신은 나의 삶 속에 임하셔서
뜨거운 태양 아래 날개를 펼치시고
그늘이 되어주시니
당신은 나의 피난처요 영원한 안식처시라.

아무리 풍족한 삶이 내게 찾아오고
세상을 모두 소유했다 한들
당신 없는 세상은
내 영혼에 행복은 조금도 존재할 수 없음이라.

비록 나에겐 잘난 것이 없어
자신을 드려낼 순 없어도
당신의 말씀은 나의 자랑거리가 되시며
기쁨으로 가득한 나의 소망이시라.

나의 손을 꼭 잡아 주소서.

아버지 나의 손을 잡아 주소서.
사랑하는 그 사람에게
바보처럼 끌려가는 날
영원히 갈라놓게 해 주시옵소서.

그리고 조용히 당신 앞에
아픈 맘을 모두 씻었으면 합니다.

그 사랑을 따라가기엔
아름답지만
연약한 자신 버틸 수가 없습니다.

사랑의 길가에서 울고 있는
내가 되지 않게 하시고
당신 곁에만 머물게 해 주옵소서.

메시아 할렐루야를 따라

따뜻한 봄 햇살 아래
피아노 건반 위에 반주자의 손은
나의 가슴을 두드리고
옥구슬이 구르는 선율에
주일 성가대의 합창은 이어진다.

매주일 마다 기대가 되는
새로운 합창에 은혜가 넘치고
아름다운 자매님 솔로로 이어질 땐
꾀꼬리 같은 목소리로
꽃밭에 한 송이 백합이 핀 것 같다.

오늘은 거룩한 부활절 주일
헨델의 메시아 할렐루야를 따라
황홀이 춤추는 내 영혼에
주님이 임하시고
하늘 문이 활짝 열리는 것 같다.

작곡자 헨델도 울었던 것처럼
내 영혼도 그와 함께 했고
감동적인 찬양에 영광과 기쁨이 넘쳐

브라보 와 앙코르를 외칠 정도로
설교시간 내내 은혜로 가득하다.

주일학교 총각 선생님

나는 주일학교 시절
유치부 총각 선생님을 좋아했다.
항상 친구처럼 대해 주시고
나를 많이 사랑해 주셨기 때문이다.

어느 날 선생님 댁을 찾아갔는데
타 교회 목사님이 신방을 오셨나 보다.
마당에서 보니 목사님 구두와
선생님 고무 신발이 놓여 있었다.

그런데 선생님이 울고 계신다.
목사님께서 마구 야단치시는 것 같다.

목사님이 누구신데
우리 선생님을 그토록 울리시는지
나는 목사님을 말려 보려고
친구들을 데리고 왔다.
그러나 밖에서 지켜볼 수밖에 없었다.

선생님이 왜 야단을 맞으셨는지
훗날 성인이 되어
금요 철야 예배를 드리며 알게 되었다.

"주여 주여"~~

아마 회개 기도를 하고 있었나 보다.
그땐 철없는 6세 아무것도 몰랐다.

지금도 그때를 생각하며
우리 주일학교 선생님들을 보면
모두가 사랑스럽고
예수님 같아 얼마나 예쁜지 모르겠다.

4.

매력이 넘치는 여인

보고픈 나의 친구야.

눈망울이 초롱초롱하고
두 손이 고사리 같은 사랑아.

올망졸망 모여
풍금 소리에 춤을 추며
재잘거리던 때가
엇그제 같은데
지난 세월이 서럽기만 하구나.

빛바랜 앨범에서
너를 본 순간 옛 생각에
그렇게 정감이 가던지
눈물이 솟고 치고 말았단다.

교정에서 푸른 꿈들로
늘 소곤대곤 했는데
숨 가쁜 삶을 맞고 말았구나.

지금은 어느 하늘 아래서
무얼 하고 있니
이젠 아름다운
현모양처가 되었겠지.

햇살처럼 고왔던
너의 모습이
그렇게 귀엽고 예뻤었는지
지금도 그 모습은
눈에 선하기만 한단다.

선생님 존경하며 사랑합니다.

푸른 잎새로 물든
학창 시절
선생님께서 베풀어 주신 사랑은
식을 줄 모르는 열정으로
우리 장래는 너무나 밝았습니다.

교정에 새싹들이
학문의 눈을 뜨게 하시고
푸른 꿈들이 여물게 하시니
당신이 함께하신 시간은
언제나 사랑의 천국이었습니다.

철없는 어린 글벗들을
언제나 자식처럼 돌보시고
사랑함으로
은혜가 강물처럼 넘쳐서
저 하늘에 태양보다 눈부십니다.

긴 여정을 따라
보랏빛 꿈을 키워 주신 만큼
삶에 기쁨이 되고

행복의 열매를 맺게 하시니
선생님의 사랑은 하늘과 같습니다.

시원한 홍해 바다에서

맑고 푸른 하늘과
에메랄드 빛 홍해바다가 손을 맞잡고
끝없이 펼쳐진 수평선은
하늘이 내려주신 지상의 파라다이스.

잔잔한 녹색 바다 속엔
아름다운 산호초가 춤을 추고
그 사이엔 잡힐 듯한
색색 가지 물고기들이 숨바꼭질한다.

하얀 백사장을 따라
빛바랜 소라와 조개껍데기는
아름답게 조화를 이루고
파라솔엔 젊은이들의 로맨스는 환상적이다.

키가 큰 야자수가 흔들대고
시원한 바다가 보이는 호텔라운지에서
칵테일과 감미로운 라이브 음악으로
비치에서 검게 탄 몸을 식히며
홍해바다를 바라본 저녁노을은 아름답다.

사랑은 국경을 넘어

Ciao 내 사랑!
꿈과 낭만의 도시 로마에
그대를 만나기까지
언어와 모습은 서로 달랐어도
마음만은 하나였기에
우리의 만남은
오랜 친구처럼 다정스럽다.

사랑은 국경을 넘어
꿈에 부푼 데이트는 즐겁고
트레비 분수에서
뜨거운 사랑의 입맞춤은
우리 사랑 그 모든 것
핑크빛 꿈을
받아 오던 그때가 마냥 즐겁다.

기대했던 나들이는
바쁜 일정표에 쫓기여
힘이 들고 발목은 아팠어도
잔잔한 미소 속에
따뜻한 마음이 오갔기에

우리의 만남은
사랑으로 가득하기만 하다.

페르시아 만 해안가를 달리며

사랑스러운 그녀의
체리 빛 입술은
상큼한 향으로
내 마음을 붉게 물들이고,

뜨겁게 쏟아지는
태양은 그녀의 선글라스에
반짝이고
푸른 스카프는
차창 밖에 길게 휘날린다.

페르시아 만
해안가를 따라
붉은 장미와
야자수는
도심을 아름답게 수놓고,

녹색 비치엔
보트가 날아가 듯
물살을 가르며
연인들의 열기는 뜨겁고

수평선의 푸른 꿈은
차 안에 흐르는
로맨틱 팝이 함께해 준다.

신기루가
아스팔트에
오아시스를 만들고
우린 그 위를 달리며
멀리 보이는
엘리자베스
선상 호텔을 향하고 있다.

고향으로 날 보내주오

서울의 봄이
밤하늘에 전파를 타고
메아리쳐올 때면 가슴이 설렌다.

떠나온 고향이 그리울수록
동녘의 하늘을 바라보며
태양이 떠오를 때까지
꿈의 도시 서울을 바라본다.

사랑하는 그녀의
키스로 밀봉한 편지는
이국땅에 향수를 달래주고
예쁘게 동봉한 사진은
외로운 여정 속에
아름다운 빛과 사랑이어라.

하늘 길은 멀어도
밤이면 꿈길로 다가오는
금수강산 나의 조국이
언제나 어머니 품처럼 그립다.

그리운 고향
지금쯤 꽃은 피고 지는지
현지를 오가는 교민을
마주할 때마다 한없이 반갑고
정든 친구의 귀국 행
비행기를 바라볼 때면
눈물은 떨어지고
행복의 나라
대한민국이 더욱 가고 싶어진다.

- 타국 생활수기 중 -

꽃 중의 꽃 무궁화 꽃이여.

젊은 날 활짝 피 고간
겨레의 꽃이여,
조국 사랑하는 마음이
자신마저 내놓으신 사랑이셨습니까.

애국 애족한 당신들의
투혼과 헌신적인 사랑이 있어
이 나라와 국민이 있듯이
이 아침 자유의 횃불 아래 눈을 뜹니다.

선열들의 피로 얼룩진 사랑은
민족의 한이 서린 애환으로
평화를 염원하는 간절한 바램이었기에
조국통일은 멀지 않습니다.

꽃 중의 꽃 무궁화 꽃
자랑스러운 겨레의 꽃이여.

순국선열의 고이 잠든 이 땅에
태극기는 휘날리고
우리는 숭고한 호국 영령들의
넋에 고개 숙여 마음을 내려놓습니다.

끝없는 사랑은 자신마저 잃는다.

세상 부모 자식 간 사랑보다
따뜻하고 가까울 게 있을까.
모유를 물리는 어머니 사랑처럼.

그러나 젖을 뗄 때가 되면
떼야 하고 성인이 되면
자립심을 길러 독립시켜야 한다.

부모 자식 간에도 맺고 끊어야
하는 것이 있었기에
품 안에 애처럼 평생 키울 순 없다.

귀여운 자식 감싸 주기에는
자칫 잘못하면 버릇없는 철부지로
노후까지 마음고생을 하게 된다.

이젠 부모를 돌보아야 할 때인데
야윈 부모를 끝까지 붙들고
젖을 빠는 것처럼
도움을 받는 것이 예를 들 수 있다.

아름다운 사랑이 찾아오기까지

사랑하는 배필을 얻고자 함은
진실한 마음이 그 사람을 부를 것이오.
사랑을 원해 간절히 기도하는 자가
또한 아름다운 사랑을 쟁취할 것이라.

사랑을 주는 자에게 복이 있고
사랑의 빚을 지지 않는 자에게
상록수처럼 아름다운 사랑이 임하리라.

사랑은 외모로 판단하지 않으며
상대의 허물은 사랑으로 감춰줄 것이오.
사랑이 임하면 모든 게 사랑스럽고
학벌의 문턱도 높고 낮음이 없을 것이라.

기쁨과 슬픔은 사랑 안에서 나눔이라
사랑하는 그가 아프면 내 아픔이오.
그가 밝게 웃는 모습에 내가 편안함이라.

참다운 사랑은 진실한 믿음 안에서
사랑이 더욱 아름답고
상대를 자신처럼 사랑할 수 있음이
서로에게 기쁨으로 돌아올 큰 행복이라.

그녀는 아직도 예쁜 공주

거울 앞에서
새로 사온 블라우스를 입고
딱 맞아버린 그녀가
잔잔한 미소를 띠며 하는 말.

"자기야 내 몸매 어때?
사실 내가 좀 예뻐.
다들 그렇게 이야기하고 있거든.
알다시피 동창들이
나 좋아하는 것 알고 있잖아.
자기도 내가 예쁘다며
난 왜 이렇게 예쁜 거니?"

몸맵시를 재며 좋아하는
중년을 맞은 그녀가
아직도 어린 소녀처럼 철이 없다.

매력이 넘치는 여인

지금 모습 그대로 사랑스럽습니다.
당신은 미모에 무게를 두고
자신을 드러 내며
지나친 멋쟁이는 되진 말아 주십시오.

유혹하는 짙은 화장 붉은 입술은
보는 마음과 입술을 붉게 물들인답니다.
난 당신의 순수한 모습을 좋아하고
백옥 같은 마음을 더 사랑하고 있습니다.

예쁜 얼굴에 복스러운 점 하나는
당신의 아름다운 매력 포인트랍니다.
부끄럽다 감추시진 마시고
아름답게 영원히 간직하여 주십시오.

누가 옷이 날개라고 하시던가요.
공주병에 나 잘난 몸매 자랑으로
추위에 떨지 말고 따뜻하게 입으세요.
당신은 아무 거나 걸쳐도
잘 어울리고 보기에도 좋습니다.

앞가슴이 화려하고 다리맵시 자랑은
남들에게 눈길을 줘서 난 속상하답니다.
난 당신을 삶이 닳도록 사랑하기에
질투심 많은 나를 당신이 감추어 주세요.

즐거운 설날을 맞으며

설날을 손꼽아 기다리며
섣달 그믐밤을 뜬눈으로 보내고
정월 초하루를 맞는
아침 햇살은 너무나 눈이 부십니다.

세상을 하얗게 뒤덮은 백설은
한해의 풍년을 알리고
새해 꿈으로 가득한 소망은
처마 끝에 고드름처럼 커져만 갑니다.

즐거운 설날 마음이 들뜬 동생들
예쁜 때때옷에 세뱃돈을 자랑하며
복주머니를
흔들어 대는 모습이 참으로 귀엽습니다.

멀리서 반가운 동기간들 찾아와
설날 세배에 얼굴을 마주하며
정겨운 입담들이 사립문 밖까지 흘러갑니다.

설날 맛난 음식과 떡국으로
새로 맞는 나이와
행복한 명절을 맞으니 정말 즐겁습니다.

추석 송편을 빚으며

추석을 앞두고 우리 가족
도란도란 둘러 앉아
이야기꽃을 피우며
송편을 빚는 시간은 정말 즐겁다.

사내가 반죽을 주물럭거리며
송편을 만들다니
나의 마음이 무척이나 간지럽다.

그런데 내가 빚은 송편이
그렇게도 못 생겼을까?
쟁반에 내려놓기가 부끄럽다.

그러나 막내딸이 빚은
송편은 더 형편없이 못 생겼다.
나는 보다 못해.

"애 그렇게 만들어 시집을 가겠니?"
"아빤 네가 만든 송편 안 먹을 거야."

식구들 까르르 웃는다.
예쁜 송편이 아니면 어때
즐거운 시간 사랑으로 빚은
떡이었기에 감사하기만 하다.

즐거운 추석
언제나 그랬듯이 우리는
넉넉하진 않았지만
사랑하는 가족들
함께 하기에 행복할 뿐이다.

화이트 크리스마스

딸랑딸랑 메리 크리스마스
하늘과 땅이 함께하는
즐거운 성탄절을 맞이하여
세상은 온통 하얀 눈꽃송이로
화이트 크리스마스를 만들어 가고 있어요.

어둠을 뚫고 들려오는
산속의 은은한 탄일 종소리에
아름다운 세상과
탄생하신 예수를 위하여
경배와 감사의 기도를 드리고 있습니다.

소복이 싸이는 눈 위에
곧 산타클로스가 지나가시겠지요.
올해에도 내 집에
산타 할아버지가 다녀가시길
창가에서 불을 밝히며 기다리고 있습니다.

하나님 정말 죄송해요.

나의 방에 예수님과
하나님의 초상화가 나란히 걸려 있다.
그런데 노트와 펜을 들고
날 바라보는 하나님이
너무나 무서워 눈을 마주칠 수가 없었다.

어느 날 멀리서 손님이 오셨는데
펜을 들고 있는 분이 누구냐고 묻는다.
난 하나님이라고 했다.
그런데 자꾸 아니라고 하신다.

난 그분을 초등학교 때 알게 되었다.
그분은 작곡가 베토벤 선생님이었음을.

아름다운 음악을 작곡해 주신
베토벤 선생님을 하나님으로 착각했다.

죄송한 마음을 뒤늦게나마
우리 하나님
그리고 베토벤 선생님께 말하고 싶다.
순진한 나를 용서해달라고.

패션 오브 클라이스트

오랜만에 영화 한 편을 보려고
상암동 월드컵 C.G.V.를 찾았는데
새로운 시네마에 정말 분이기 좋았다.

영화는 상영되는데 슬픈지
옆에 아가씨, 수녀님이 울고 있다.
아니 여기저기, 나도 같이 울고 있다.

사내가 소리 내어 울 순 없기에
참아 보지만 감정 조절이 되질 않아
가슴을 잡고 있으니 어쩜 좋을까.

영화는 2시간 만에 막을 내렸는데
안경은 얼룩지고 모습은 말이 아니다.

극장 화장실을 찾았는데
세면대에 남자 분들이 줄을 서 있다.
영화를 보며 울었던지
나처럼 얼굴을 씻으려고 온 것 같다.

감명 깊었던 패션 오브 클라이스트
예수님이
십자가에 고난을 받으셨던 모습이
지금도 잊혀 지지 않는다.

여름휴가를 떠나며

사랑의 승차권을 준비하셨나요.
우린 지금 고속버스를 타고
꿈에 부푼 여름휴가를 떠나고 있습니다.
지루하고 답답한 도심을 빠져나와
자연과 만남이 마냥 즐겁기만 합니다.

푸른 산과 맑은 강을 따라
끝없이 펼쳐지는 푸른 초원은
우리 몸과 마음을 상쾌하게 해줍니다.
산줄기는 아름다운 숲을 자랑하며
대관령 산길을 뚫고
밝고 새로운 세상을 따라갑니다.

멀리 보이는 녹색 바다와
파란 하늘이 하나가 되어 수평선에
아름다운 이미지를 그려 주고
부푼 마음은 탄성 소리로 가득합니다.

"와~~자기야 신난다."

"응, 나도."

가까이 갈수록 바다 냄새와
갈매기 떼가 춤을 추고
고깃배와 요트가 떠있어
그 전경은 한 폭의 그림과도 같습니다.

보트에 몸을 싣고 물살을 가르는
피서객들의 마음은 즐겁고
파라솔 그늘에 몸맵시를 자랑하는
아가씨들 모습은 참으로 아름답습니다.
이것은 분명히 우리들의
아름다운 세상이랍니다.

고기가 먹고 싶어서

마트 정육 코너에 노릇노릇하게
구워 놓은 돼지고기가 먹고 싶다.
손님들의 시식을 기다리고 있지만
나는 마음뿐 손이 가지질 않는다.
허기진 배가 먹고 싶다는데
눈치보다 슬그머니 지나치고 만다.

남 보기 부끄러워도
비곗덩어리 한 점이라도 먹을 걸
다들 시식을 하고 있는데
고기 먹어본 때가 오래되었는데
주머니 사정도 넉넉지 않고
집에 가서 버터에 밥을 비벼
고기 먹고픈 서러움을 달래보련다.

너밖에 없구나.

사랑하는 사람과 싸우고
친구들에게 따돌림을 받으며
엉망이 되어 버린 하루.

아름답게 꾸며 가는 삶에
실수가 그토록 가득한지
이 세상 마음 의지할 곳은 없다.

잘나 빠진 자존심 구겨 넣고
집으로 들어서는데
귀여운 푸들이
어김없이 꼬리 치며 날 반긴다.

친구들 모두 떠났어도
날 사랑하는 강아지가 있었구나.
서글픈 마음 알기나 하듯
나를 반겨 주니 눈물이 난다.

어두운 현관에서
밤을 지켜가며 날 기다려 주던
푸들이 그 애들보단 낫다.

당신은 축복받기 위해 태어난 사람

사람이 태어나는 것은 순서가 있어도
생을 마감하는 것은 순서가 없다고 합니다.
그러나 부모님에게 등을 돌리고
저 세상으로 앞서 가는 것은 큰 불효입니다.

타인의 생명을 구하고자 희생하거나
조국의 평화를 위해 순직하는 것은
애국 애족하는 길이고
그 묘지엔 자랑스러운 이름이 새겨질 것입니다.

그러나 자신을 비관하고
조금한 일에도 힘들어서 삶을 포기하신다면
나이와 상관없이 인생교육 다시 받으셔야 합니다.

삶 속에 비탈진 고난이
내게 찾아온다 해도 꿋꿋이 참고 노력하면
훗날 축복이 찾아온다고 했습니다.
남들도 힘든 역경을 딛고 일어섰기에
오늘날 튼튼한 반석 위에 우뚝 서 있는 것입니다.

지금도 침상에서 아픈 몸을 이끌고
병마와 싸우며 소생하고자 하는 사람들을 보면
너무나도 안타깝고 대견스럽기만 합니다.

귀한 당신이 어디서 나왔습니까.
부모님의 축복을 받고 태어나질 않았습니까.
지금은 부모님께 감사와 효도할 때입니다.
나 어릴 때 그랬듯이
부모님께 편안한 잠자리를 만들어 주는 것입니다.

죽고 싶다고 하는 것은
자신을 끝까지 사랑하지 않는 것입니다.
이젠 그 누구도
부모님 가슴에 못을 박는 일은 없어야 하겠습니다.

- 자살 사이트를 보며 -

사랑하는 김정일 위원장에게

사랑하는 정일 위원장에게
세계 평화를 위해
사랑의 메시지를 보냅니다.

주님의 말씀 중에
내려 주신 선물은
오직 사랑
사랑의 빛을 보내고 있습니다.

평화는 인류의
아름다운 바램이었기에
이 세상을
자신처럼 사랑하는 것입니다.

조국의 평화는
흐르는 정세에 맞추어
선을 따라
지혜로운 평화를 가져 오십시오.

민족을 사랑하는 자는
그 민족에게
더 많은 존경을 받을 것입니다.

형제를 섬기며
선을 행하고자 한다면
당신에게도
주님의 축복과 사랑이
임하실 것이니 믿고 따르십시오.

계절을 아름답게

새롭게 찾아오는
계절을 맞아 행복할 순 없을까.

일기에 따라 스스로
변하는 마음
춥고 더운 날씨에 변덕도 심하다.

아름답게 다가오는 계절
감사할 수 있다면
행복은 우리와 함께할 것 같다.

춥다면 빨간 내복을 끼워 입고
더우면 모시 삼베옷을 걸쳐
자연의 섭리를 잘 맞추어
계절을 즐긴다면 좋을 듯싶다.

춥고 더운 날씨를 따지며
짜증을 부린다면
언제나 행복할 수 있을는지
길지 않은 삶을 생각해 볼 일이다.

허수아비 인생

한평생 가는 세월 바라보다
맺어진 결실 노숙자 신세로다.

낡은 옷에 밀짚모자 하나가
인간의 탈을 섰음을
한없이 눈물 나게 하는구나.

하찮은 새 한 마리
쫓지 못하는 몸도 마음도
멈춰 버린 가련한 허수아비
집도 절도 갈 곳 없는
연약한 자신
논바닥에 처박힌 백수였구나.

자신마저 속이는 삶을
살아가는 동안 소망이 있겠느냐
논두렁 밭두렁 담장 삼아
볏단으로 둥지 틀고
남은 삶이라도 꿈을 가져 보아라.

음악을 사랑하며

난 사랑하는 딸이 둘이 있다.
어린 아이들
피아노와 바이올린을 배우기를 기대했었다.

그렇지만,
어린아이들 열심히 하지 않는다.

작은 아이 벌써 싫증나기
시작하고 해서
난 마흔이 넘어 피아노를 배우기로 학원에 갔었다.

아침 시간 유치원 아이들이 많은 시간이다.
성인은 가정주부 한 분과 나뿐이다.

원장 선생님
매일 커피로 기쁘게 맞아 주시는데
나의 손이 어린 아이처럼 잘되지 않는다.
그래도 여러 번 바이엘 연습을 했다.

'이제 어느 정도 되는구나.' 하고 마음먹으면 선생님

"한참 더 배워야 하겠구먼."

그 말씀이 떨어지자마자 내 마음 너무 무거워진다.

"양손 계속 연습하세요."

원장 선생님이 옆에 앉아
직접 개인 지도를 해 주시며 음악의 꿈을 키워 주셨다.
집에선 어린 딸이 반기며 아빠 레슨 받아야지요.
딸이 선생이 되는데
그때 우리 아이가 얼마나 예쁜지.

이 나이에도 되는구나.
연주회도 다니며 클래식 음악으로 수놓았던 시절
오월의 꽃향기는
아주 아름답고 향기로웠다.

5.

여행 essay

제네바 칼뱅을 찾아서

중세 시대 로마 교황청의 독재적인 박해와 천주교의 어두운 그늘에 종교 개혁이 시급했는지 주님은 그 시대에 여러 종교 개혁자들을 예비해 두셨는지 모른다. 대표적인 인물을 보면 루터와 칼뱅이 있는데 그 시대에 종교개혁이 이루어지기까지 순탄치만은 않았다. 그러나 프랑스의 자랑스러운 청년 칼뱅은 주님의 횃불을 들고 나섰다.

칼뱅이 외쳤던 것은 예수 그리스도를 떠나선 주님의 몸된 교회가 바로 설 수가 없었기에 어려움을 무릅쓰며 주님의 언약을 따라 헌신적인 종교개혁에 앞장선 것 같다. 그래서 프로테스탄트(Protestant) 신앙을 따르는 칼뱅의 종교 사상이 더욱 빛이 나고 그를 존경하게 되었는지 모른다.

난 그런 장로교회의 진원지였던 제네바 칼뱅의 흔적을

찾아 열차를 타고 로마에서 제네바까지 긴 밤을 따라오게 되었는데 새날을 맞은 스위스 아침은 하얀 눈으로 우리를 반갑게 맞이해 주고 있었다. 칼뱅 종교개혁의 주 거점이 되었던 제네바 시는 다른 유럽 도시와는 달리 유흥가와 퇴색된 업소가 없어 깨끗하고 기독교 도시답게 조용하다.

제네바는 스위스 중에서 불어권에 속해 불어를 공영어로 쓰고 있다. 제네바 시는 프랑스와 접경도시로 내 집안처럼 드나들기 편한 도시이기도 하다. 제네바 사람들은 주말이면 비교적 물가가 싼 프랑스에서 물품을 구입해서 일주일을 쓴다고 한다. 그리고 이곳은 적십자사 창설자인 앙리 뒤앙의 고향이며 국제기구들이 많은 국제도시이기도 하다.

제네바 시에는 거대한 레만 호수가 초승달처럼 동서로 뻗쳐 있다. 그 길이가 72㎞, 너비 14㎞, 호안의 총 길이는 195㎞로 유럽의 최대의 호수답게 아름답다. 이 호수에는 100m 이상 높은 분수가 솟고 호화로운 유람선과 백조들이 떠있어 평화롭기 그지없다. 난 함께 간 교사와 몽블랑 다리와 레만 호수 가를 산책하며 바쁜 여정 중에 잠시 자연의 아름다움에 포즈를 취하며 즐거운 시간을 가져 보기도 하였다.

그리고 우린 칼뱅의 묘지를 찾기로 하고 인솔자와 함께 그곳으로 향했다. 그러나 칼뱅의 묘지를 쉽게 찾지 못해 현지인의 도움으로 간신히 찾게 되었다. 칼뱅이 죽으면서 하나님께 모든 영광은 돌리기 위해 장례식도 치르지 말고 묘지에 이름도 남기지 말라는 유언인 탓에 칼뱅의 묘지를 빨리 찾지 못했다. 그나마 칼뱅을 찾는 이들이 많아져 최근에 JC. 라는 칼뱅의 묘석에 영어 약자만 겨우 새겨 놓았을 뿐이다.

우린 종교 개혁자의 기념비가 있는 바스티옹 공원으로 가 보기로 했다. 제네바 대학은 칼뱅이 학술원으로 사용했던 곳인데 캠퍼스 앞쪽으로 4분의 동상이 파렐, 칼뱅, 베즈, 녹스 순으로 서 있다. 우상시 되는 기념비는 칼뱅도 원치 않았겠지만, 주님의 사역이 위대했기에 세워졌는지 모르겠다. 석상과 함께 새겨진 종교 구호도 보인다.
"POST TENE BRA LUX"(어둠 뒤에는 빛이 온다.)

난 일행과 함께 칼뱅이 그 시대에 설립해 놓은 제네바 대학 캠퍼스를 들러 보며 제네바 구시가지의 상징인 언덕 위에 생피에르 사원으로 향했다. 칼뱅이 그 시절 종교개혁 활동을 하던 생피에르 사원은 1536년부터 개신교가 되어 종교개혁지로 역사가 깊은 곳이다. 그러나 날은 저물어 교회 문은 굳게 잠겨 져 있다. 개방 시간이 너무 늦어버린 것 같다. 여행 중에는 정보가 필수적인데 아쉽기만 하다. 몇 분 선생님들 교회 앞에서 기념사진을 찢는데 좁은 공간에서 커다란 교회를 카메라에 담느라 애를 먹고 있다.

요즘 생피에르 교회는 텔레비전을 통해 세계 각국으로

찬양과 말씀이 방송되는데 생피에르 교인들에 믿음이 충만해 보인다. 그러나 칼뱅(Jean Calvin, 1509~1564) 그가 태어난 지 500주년 즈음해서 다른 유럽의 교회들을 보면 처음과는 달리 양 없는 텅 빈 교회가 되어 가는 것이 마음 아프고 기념교회처럼 관광지가 되어가는 것에 주님께 부끄러울 뿐이다.

어려움 없는 유럽이 되다 보니 믿음이 떨어지고 주님 곁에서 멀어지는 것 같다. 그것은 비단 유럽뿐만 아니라 한국의 기독교도 그런 날이 오지 않는다는 보장은 없기에 신앙생활을 더 열심히 하는 수밖에 없다. 요즘 같이 이단들이 판치는 세상에 늘 깨어 있었으면 한다. 그리고 한국의 기독교는 하나가 되어야 한다. 그렇다고 해서 기독교를 또 다시 개혁하자는 것은 아니고 다만 유럽의 미지근한 교회들을 보며 그 현실을 말하고자 하는 것뿐이다.
God blessing you~

▲ 종교개혁자 기념비

시내 산 등정

나는 기독교 성지 여행을 하면서 여행 중 가장 힘든 때가 시내 산 등정 그 시점이라는 것을 알게 되었다. 한국에서 이집트까지 오기까지 비행기 안에서 그토록 시달렸는데 카이로에서 또 버스를 타고 시내 산까지 6시간을 달렸기 때문이다. 건강의 소중함을 이곳에서 깨닫게 되었다. 나와 같은 젊은 집사도 힘이 드는데 연세가 높으신 권사님은 얼마나 힘이 들까. 그러나 권사님은 나의 건강을 걱정해 주시니 얼마나 고마운지 모르겠다. 새벽 2시 호텔에서 나오면서 간단히 기도를 드리고 플래시와 성경책을 준비하여 시내 산에 오르게 되었다.

그러나 이곳이 얼마나 추운지 현지 슈퍼에서 장갑과 아라비안 망토를 사서 쓰고 낙타 출발 스테이션에 갔다. 낙타를 타시는 분은 미화 10불이며 걸어가도 좋다고 한다. 마지막 스테이션까지 한 시간 넘게 가는 거리인데 걸어서는 무리인 것 같아 나는 낙타를 타게 되었다. 다른 분들도 낙타를 타고 올라가고 있다. 그런데 나의 룸메이트 하 장로님은 걸어가신다고 한다.

"장로님, 무리입니다. 같이 타고 갑시다."

"김 집사 먼저 가시오."

나의 낙타 주인은 베두인이었다. 낙타가 혹이 하나이기 때문에 자세가 좀 불안하다. 낙타의 완장은 자꾸 옆으로 돌아가는지 엉덩이가 아프다. 중앙아시아에는 쌍봉낙타가 있다던데 이곳은 모두가 외 봉 낙타들뿐이다. 낙타는 줄을 서서 낭떠러지 비탈길 잘도 간다. 이곳 밤하늘의 별들은 유난히도 밝고 가까워 보인다. 시내 산은 해발 2,285m이며 협곡으로 이루어진 거대한 돌산들뿐이다.

나의 낙타는 하얀색 낙타 주인이 성질이 너무 급해 얄라 얄라(빨리)~~ 너무 빨리 달리기 시작한다. 좁은 비탈길에 다른 낙타들을 피해 추월이 시작된다. 위험한 절벽이 보이는 곳을 달리는 것이 너무 불안해 보인다. 천천히 "슬로우~" 낙타는 막무가내 괴성을 질러가며 신나게 뛰어간다.

"친구 왜 이렇게 빨리 가는 거야."

베두인이 하는 말, 한탕 더 뛰어야 돈을 많이 번다고 한다. 눈썹이 휘날리게 뛰어가는 낙타 모습이 총알택시가

따로 없다. 낙타에게 천천히 가라고 소리쳐도 나의 말은 들어주지 않는다. 그런데 어느 정도 왔는데 못 간다고 낙타에서 내리라고 한다. 지금 이곳은 눈이 오고 있어 미끄러워 더는 못 간다고 한다. 산 밑에서는 별까지 보고 왔는데, 건조한 사막 지역에 왼 눈인가 싶다. 사막 생활 5년 가까이 해봤어도 눈이 내리는 건 처음인 것 같다.

난 낙타 종점을 못 와서 하는 수 없이 도중에 내리고 말았다. 언덕슈퍼에서 차 한 잔으로 휴식을 취하며 다시 시내 산 계단을 오르게 되었다. 계단은 정상까지 750개가량 된다고 하는데 눈이 많이 쌓여 있다. 그런데 밑에서 하산하라는 이야기가 있다.

"김 집사님 내려오세요." "위험합니다."

"안돼요. 난 끝까지 등정하겠습니다."

"김 집사님 제발 내려오세요."

인솔자님이 눈이 너무 많이 와서 정상은 조금 앞두고 내려오라고 한다. 하나님이 떨기나무에서 나를 기다리고 계시는 것 같은데 어떻게 하면 좋을까? 이 산을 얼마나 오고 싶었는데, 긴 십계영화를 비디오로 20번도 더 보고, 하나님을 만나겠다는 나의 마음이었는데, 꿈이 실현되나 했더니만 안 되겠다. 다음에 또 오자. 눈이 많이 와서 계단이 미끄러워 한 발도 내딛기 어려웠다. 난 구두를 신어 더욱 미끄러웠다. 마지막 시내 산 슈퍼에서 우리는 눈과

바람을 피하면서 그곳에서 예배를 드리게 되었다.

시간이 지나 아침을 맞이하는데 시내 산 일출은 정말 아름다웠다. 캐년으로 이루어진 산들이 불타는 듯했다. 밤새 올라가던 외국 성지 순례자들은 정상까지 올라갔다. 내려오는 분이 많았다. 나는 산에서 내려오는 노르웨이여 집사님과 사진을 같이 찍고 작은 돌 십계 판을 주워 내려오게 되었다. 하산할 때에는 날이 밝아서 무서울 것도 없었고 하산할 때는 낙타가 중심을 못 잡아 위험하다고 해서 걸어야만 했다. 우리 일행은 호텔에서 휴식을 가진 후 다음 목적지 요르단으로 떠나기 위해 누웨바 항으로 향하게 되었다.

▲ 카이로 시내에서

사랑이 머문 자리

인쇄 2009년 9월 16일
발행 2009년 9월 25일

지은이 / 김 득 수
펴낸이 / 김 창 석
펴낸곳 / 홍익출판사

주소 / 대구시 중구 삼덕3가 245-2
전화 / 053) 421-6700, 427-3627
팩스 / 053) 423-5965
등록번호 / 1987년 11월 26일 제1-107호
E-mail / hongick88@hanmail.net

정가 8,000원

ISBN 978-89-7826-199-9 03800

• 잘못 만들어진 책은 교환해 드립니다.